COLLECTION

DE

M. A. LACROIX

DE TOULOUSE

PARIS — 1895

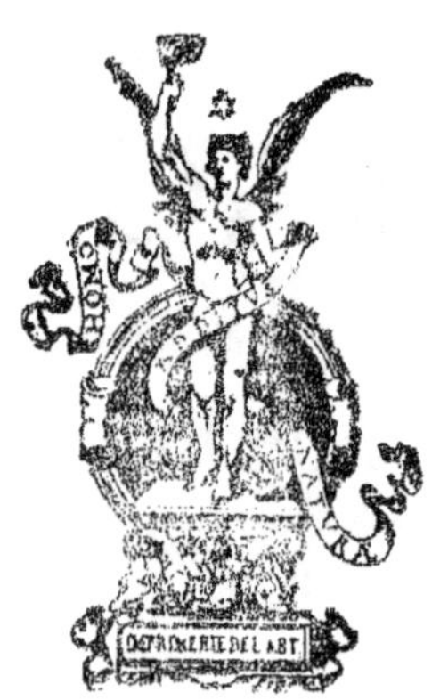
HONO
DEPARTE DEL ART

CATALOGUE

DE

TABLEAUX

Anciens et Modernes

PAR

**Appian, Berghem, Boudin, Corot, Courbet, Damoye
Daubigny, Monticelli, Ribot, Roybet
Van Marcke, Van Ostade, Veyrassat, Vollon, Ziem**

ŒUVRE IMPORTANTE DE CHARLES JACQUE

Composant la Collection de M. A. LACROIX

DE TOULOUSE

DONT LA VENTE AURA LIEU

HOTEL DROUOT, SALLE N° 6

Le Jeudi 2 Mai 1895

A TROIS HEURES ET DEMIE

Mᵉ Léon TUAL	Mᵉ Paul CHEVALLIER
COMMISSAIRE-PRISEUR	COMMISSAIRE-PRISEUR
56, rue de la Victoire, 56	10, rue Grange-Batelière, 10

M. BERNHEIM JEUNE

EXPERT

8, rue Laffitte, 8

EXPOSITIONS

PARTICULIÈRE : *Le Mercredi 1ᵉʳ Mai 1895, de 1 à 6 h.*
PUBLIQUE : *Le Jeudi 2 Mai, jour de la vente*
DE UNE HEURE A TROIS HEURES ET DEMIE

CONDITIONS DE LA VENTE

La vente sera faite au comptant.

Les acquéreurs payeront CINQ POUR CENT en sus des enchères.

Paris. — Imprimerie de l'Art, E. MOREAU et Cⁱᵉ
41, rue de la Victoire, 41

DÉSIGNATION

TABLEAUX MODERNES

APPIAN

200 1 — Village de Hartemer (Ain).

Signé à droite.

Toile. Haut., 32 cent.; larg., 53 cent.

BOUDIN

120 2 — La Cour du moulin de Saint-Cenery (Orne).

A droite, une cascade qui alimente une pièce
d'eau où des canards s'ébattent joyeusement. A
gauche, un moulin à eau. Des oies et des poules
sont disséminés sur la pelouse. Au fond, de grands
arbres.

Signé à gauche, E. Boudin Saint-Cenery, 90.

Toile. Haut., 80 cent.; larg., 1 m. 10 cent.

BOUDIN

3 — *Le Quai à Étaples (marée basse).*

Signé à gauche, daté 91.

Toile. Haut., 36 cent.; larg., 58 cent.

BOUDIN

4 — *La Pêche aux crevettes (Trouville).*

Signé à droite, daté 93.

Toile. Haut., 5o cent.; larg., 74 cent.

COROT

5 — *Le Pont de Mantes.*

Étude provenant de la vente n° 171.
Portant à gauche le cachet.

Toile. Haut., 24 cent.; larg., 3i cent.

COURBET (?)

6 — *Vue du Var*.

Signé à droite.

Toile. Haut., 53 cent.; larg., 65 cent.

DAMOYE

7 — *Bords de rivière*.

Signé à gauche.

Bois. Haut., 52 cent.; larg., 41 cent.

DAUBIGNY

8 — *Bords de l'Oise*.

Une barque est amarrée au bord de l'eau tran-
quille, au pied de bouleaux. Sur l'autre rive,
bordée d'arbres au feuillage automnal, on aperçoit
des maisons disséminées sur la colline, dont les
toits rouges jettent une note joyeuse sur le paysage
qui s'étend.

Le soleil vient de disparaître, éclairant encore
vivement les nuages blancs qui roulent dans le
ciel.

Signé à droite.

Bois. Haut., 43 cent.; larg., 70 cent.

(Provenant de la vente Ch. Daubigny.)

DAUBIGNY

(Attribué à)

9 — *Bords de l'Oise.*

Signé à droite.

Bois. Haut., 21 cent.; larg., 38 cent.

DAUBIGNY

(KARL)

10 — *Bords de l'Oise.*

Signé à droite, daté 1884.

Bois. Haut., 33 cent.; larg., 57 cent.

DEVERIA

11 — *Tête de femme.*

Porte au. verso de la toile la signature E. Deveria, nov. 1822.

Haut., 35 cent.; larg., 27 cent.

DIAZ

(Attribué à)

12 — *Amours lutinant une nymphe.*

Bois. Haut., 27 cent.; larg., 17 cent.

DIAZ

(Attribué à)

13 — *Fruits.*

Toile. Haut., 32 cent.; larg., 40 cent.

DUPRÉ

(École de J.)

14 — *L'Abreuvoir.*

Bois. Haut., 24 cent.; larg., 33 cent.

FROMENTIN

(Attribué à)

15 — *Oasis en Algérie.*

Bois. Haut., 38 cent.; larg., 56 cent.

JACQUE

(CH.)

16 — *L'Abreuvoir*.

Un troupeau de moutons est venu s'abreuver à une mare. Un chêne au tronc déjà centenaire, au feuillage puissant, abrite de son ombre les moutons qui vont se désaltérer.

La bergère, vêtue d'un corsage rose, un tablier bleu relevé sur la jupe brune, coiffée d'un bonnet blanc, caresse de la main droite le chien, tandis que de sa main gauche elle s'appuie sur sa houlette.

Çà et là des roches et des arbres. Au loin des collines boisées et des prairies verdoyantes dorées par le soleil.

Le ciel, où roulent des nuages puissants, est d'une belle facture et le tableau est un des plus remarquables du Maître, tant par la composition qui est charmante que par la qualité de l'œuvre, où le peintre des moutons s'est affirmé avec maîtrise.

Signé à droite.

Toile. Haut., 81 cent.; larg., 65 cent.

JACQUE

(CH.)

17 — *Moutons au pâturage.*

La journée a été accablante, et deux moutons fatigués se sont couchés sur l'herbe, à l'ombre de grands arbres aux troncs puissants. Derrière eux un autre mouton est debout. Au fond, déjà noyé dans le crépuscule, on aperçoit les maisons du village éclairées par les derniers rayons du soleil.

Tableau d'une belle facture et de la meilleure époque du Maître.

Signe à gauche : Ch. Jacque.

Toile. Haut., 36 cent.; larg., 46 cent.

JACQUE

(CH.)

18 — *La Rentrée à l'étable.*

Les moutons se pressent, afin de regagner le plus vivement possible leurs places où la litière garnie les attend.

Une bergère appuyée contre le mur observe la rentrée et le chien, en avant du troupeau et à droite, surveille les moutons.

Au premier plan un coq et une poule.

Joli tableau d'une composition soignée.

Signé à droite.

Bois. Haut., 34 cent.; larg., 27 cent.

MONTICELLI

19 — *L'Automne.*

Signé à gauche.

Bois. Haut., 65 cent.; larg., 45 cent.

RIBOT

(TH.)

20 — *Jeune fille.*

Étude portant à gauche le cachet.

Bois. Haut., 27 cent.; larg., 21 cent.

RIBOT

(TH.)

21 — *Laveuses.*

Signé à droite.

Toile. Haut., 27 cent.; larg., 22 cent.

ROYBET

22 — *Le Lever d'une courtisane.*

Elle est couchée et tient un bouquet de la main gauche. Un seigneur, assis au pied du lit, lui fait admirer les bijoux qui se trouvent dans un coffret qu'il a devant lui. A ses pieds, son chien est couché; des esclaves apportent des rafraîchissements.

Signé en haut et à droite.

Toile. Haut., 31 cent.; larg., 37 cent.

TROYON (?)

23 — *Les Petits dénicheurs d'oiseaux.*

Porte au verso mention comme provenant de la *Vente Deforge, 6 Mars 1857.*

Haut., 65 cent.; larg., 5o cent.

TROYON

(École de)

24 — *Vache et bouvier.*

Carton.

Haut., 18 cent.; larg., 27 cent.

VAN MARCKE

25 — *Taureau debout.*

Un taureau vu de face est arrêté.
Derrière lui une rivière et dans le fond, sur l'autre rive, une forêt cache une partie de l'horizon.

Bois. Haut., 28 cent.; larg., 43 cent.

(Tableau ayant figuré à la vente Van Marcke.)

VAN MARCKE
(École de)

26 — *Vaches au pâturage.*

Toile. Haut., 33 cent.; larg., 41 cent.

VEYRASSAT

27 — *Chevaux au pâturage.*

Dans une prairie des chevaux paissent en liberté.

A droite, à l'ombre de deux arbres réunis par une barrière et qui forment l'entrée du pacage, un cheval noir appuie sa tête sur les reins d'un cheval blanc.

Signé à droite, daté 59.

Bois. Haut., 27 cent.; larg., 48 cent.

VEYRASSAT

28 — *Le Maréchal-ferrant.*

Devant la forge des chevaux sont attachés et attendent leur tour d'être ferrés.

Le maréchal et son aide mettent à un cheval alezan un nouveau fer.

A gauche et à droite quelques poules picorent.

Signé à droite.

Ce tableau est décrit dans *la Biographie des Peintres modernes,* éditée chez Launette.

Toile. Haut., 32 cent.; larg., 46 cent.

VEYRASSAT

29 — *Le Retour à la ferme.*

Signé de cachet à droite.

Toile. Haut., 41 cent.; larg., 52 cent.

VOLLON

30 — *Poissons de mer.*

Signé à gauche.

Toile. Haut., 60 cent.; larg., 72 cent.

ZIEM

31 — *Canal de la Judecca. (Venise, mai, 11 heures du matin.)*

L'entrée du Grand Canal et au loin, sur les flots bleus, quelques bateaux pêcheurs. A droite, un palais, d'une architecture délicate, surmonté de coupoles.

Des gondoles s'éloignent après avoir déposé des visiteurs qui gravissent un escalier monumental.

Œuvre d'une exécution soignée et de la bonne époque du peintre.

Signé à droite.

Bois. Haut., 41 cent.; larg., 65 cent.

TABLEAUX ANCIENS

BERGHEM

(Attribué à)

32 — *Le Passage du gué le matin.*

Signé à droite: Berghem.

Bois. Haut., 33 cent.; larg., 48 cent.

GREUZE

(Attribué à)

33 — *Jeune fille en prières.*

Signé: GREUZE, sur l'épaule droite.

Toile. Haut., 43 cent.; larg., 23 cent.

VAN OSTADE

(Attribué à)

34 — *La Farandole.*

Devant une auberge et à l'ombre d'une tonnelle, de joyeux couples dansent la farandole aux sons d'un violon et d'une vielle que jouent deux musiciens juchés sur des tréteaux.

Au premier plan, un paysan, assis sur un banc, se lamente de voir sa cruche vide.

A gauche et appuyé sur un tonneau, un gai buveur lève son verre et boit à la santé de la jeunesse.

A droite, des personnages et des enfants écoutent les musiciens en contemplant les danseurs.

Au fond à gauche, échappée très lumineuse dans la campagne.

Œuvre pleine de mouvement et merveilleuse de détails, de fini et d'expression.

Signé sur le banc à droite. A Ostade.

Bois. Haut., 5o cent.; larg., 47 cent.

VAN OSTADE

(Attribué à)

35 — *Les Musiciens.*

Un homme appuyé contre une table tient un verre de la main gauche et bat la mesure de la main droite, tandis qu'une femme répète sa chanson accompagnée par un violon que joue un troisième personnage.

Bois. Haut., 3i cent.; larg., 25 cent.

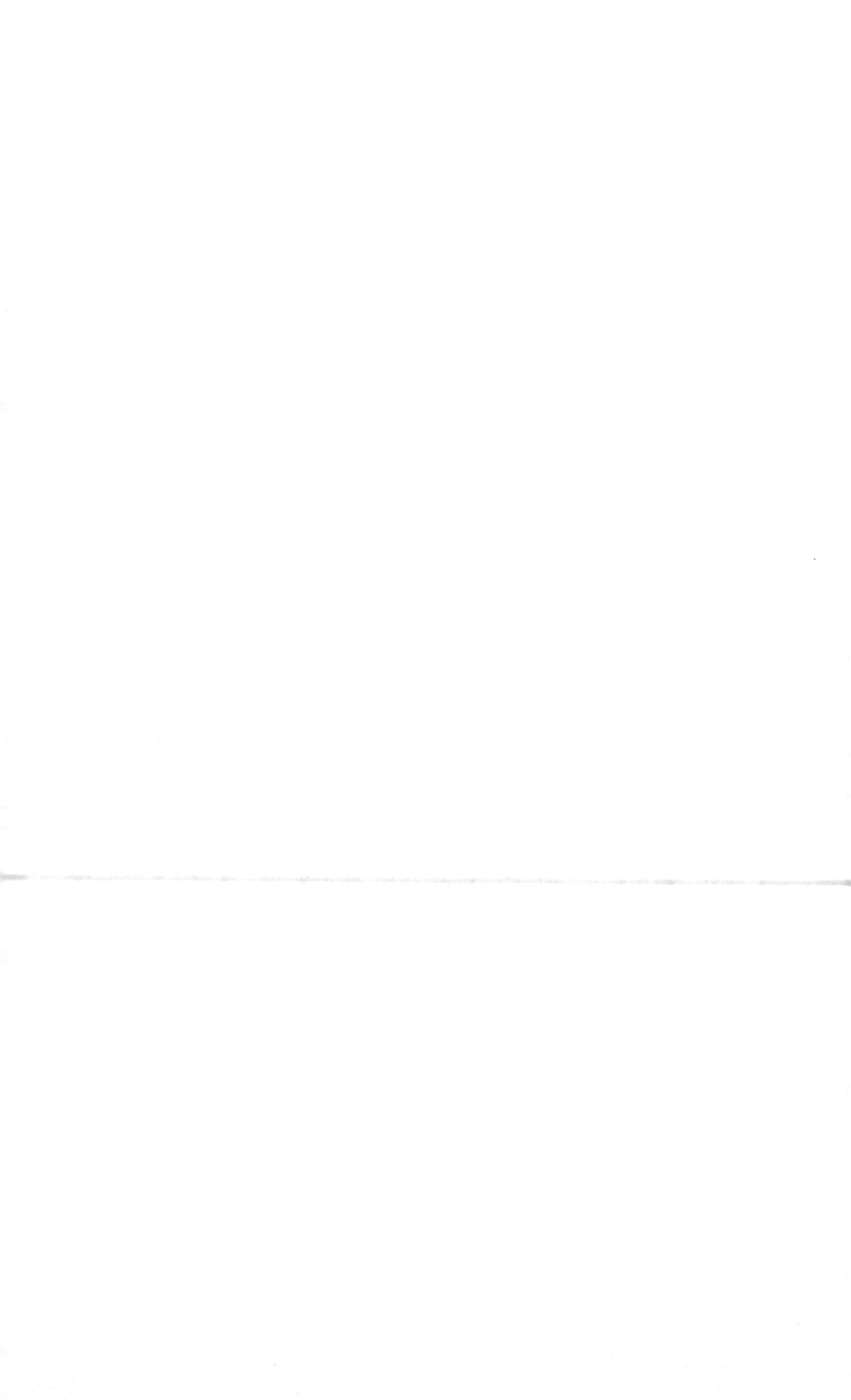